RAPHAEL GUILLARD

UNE FILLE IDÉALE

Tous les personnages (noms, surnoms,
descriptions,
fonctions, etc.…) mis en scène dans
cet ouvrage sont
entièrement fictifs. Toute
ressemblance avec des
personnes existantes ou disparues ne
peut être que
pure coïncidence.

« bien connaître une
personne avant de l'idéaliser »

Chapitre 1 : Début de saison

1 Juillet 2017: Châtelaillon-Plage. Cette petite station balnéaire de Charentes-maritime se situe à quelques kilomètres de la Rochelle. Ici les maisons portent toutes un nom, les clubs de vacances accompagnent les enfants. Un véritable émerveillement pour eux, malgré les jours de marées basses les empêchants de nager, mais laissant dans l'immense boue à perte de vue coquillages et crustacés pour les occuper à plein temps.

L'immensité du ciel et de la mer se confondent derrière la baie vitrée du Beau rivage, cet hôtel-restaurant tout proche de la plage d'où l'on peut apercevoir les planches à voiles traçants dans l'horizon lointain les lignes blanches écumeuses, signants ainsi leur passage. Il est 19h. Les clients vont bientôt arriver, et Rodolphe Frissard 40 ans, solitaire et reservé s'apprête à commencer son nouveau travail saisonnier pour le mois de Juillet. Il sera chargé d'accueillir les personnes à l'entrée. Donner les clés des chambres et s'occuper de la comptabilité. Il doit mettre sa tenue de travail et garder le sourire.

Ce jeune homme célibataire venant de Lyon, a décidé de travailler dans la ville où laquelle il avait passé tous ses étés en vacances jusqu'à l'âge de 10 ans. Il a voulu tenter l'expérience de partir seul à l'aventure pour ce travail à mi-temps. En effet il a ses matinées et après-midi de libre, ce qui lui permettra de profiter de la mer. Logé par un ami de la région, il se sent libre, sans aucune attache, et sans enfants. En effet, il n'est jamais tombé sur une femme stable et sérieuse qui prit le temps d'installer une relation dans la durée avec lui. Le temps a passé et Rodolphe reste toujours très difficile avec les femmes. Il fonctionne par coup de cœur du visage uniquement, et seul un sourire et des yeux souriants peuvent le faire craquer et lui donner envie de faire le premier pas malgré sa réserve.

Malheureusement ses coups de coeur passés n'ont jamais fonctionné :

lieux inaccessibles pour aborder ou refus radical. De ce fait, il préfère ne plus avoir le bégun pour une femme car il fait vite obsession et l'empêche d'avancer. Il essaye maintenant tant que possible de revoir ses ambitions physiques à la baisse et de s'attacher plutôt à un tempérament plus simple.

Chapitre 2 : Un coup de foudre

Décidemment ce qu'il redouta arriva. Dès son premier soir de fonction, il découvrit le personnel d'un autre service de l'hôtel : Les serveuses de la salle du restaurant. Il les voient rentrées une par une, mais il n'en remarqua qu'une seule, ce fût foudroyant :

Dominique, 23 ans, pour laquelle il flashera immédiatement. D'allure petite et mince, à mi-chemin entre un visage enfantin et femme fatale, aux lèvres fines, des yeux de chat verts assez hautains, limite méprisants lorsque son regard croisa celui de Rodolphe. À moins que ce soit son maquillage appuyé qui donne cet effet-là.. mais son air supérieur et froid l'attira. Mais une chose est sûre: il craqua pour son sourire. Ce qui le poussa à vouloir la connaître. Dans son esprit elle est déja mystérieuse, de plus, elle paraît être une fille sérieuse, et sage, vétue de son tailleur jupe et ses tresses glissants le long de son cou. Mais il ne se rendit pas compte qu'elle pourraît être sa fille..

Hélas pour lui, elle sera difficile d'accès pour l'aborder. En effet, ces deux-là ne travaillent pas dans le même secteur de l'établissement. Lui, doit rester à l'entrée, et ne peut apercevoir Dominique que de loin à faire de grands sourires aux clients fortunés. Comme Rodolphe, elle travaille pour la saison d'été comme serveuse et doit s'occuper de la mise en tables et des chambres.

Il ne sait rien d'elle. Si elle est célibataire, où elle habite, ce qu'elle aime dans la vie, sa façon de parler, son caractère, etc. Mais en fait il ne pense même pas à tout ça. Elle est trop belle et ça lui suffit pour l'instant. Il veut maintenant l'approcher de plus près et pouvoir lui parler malgré sa timidité.

Chapitre 3 : La douche froide

Les jours passent, et Rodolphe s'est très bien adapté à son nouveau travail : il accueille les clients, prend les réservations au téléphone et se sent à l'aise devant son ordinateur pour tenir la comptabilité. Pas de chance pour lui, il n'est accompagné par personne, il croise juste Olivier, celui qui prend sa place l'après-midi. Un jeune homme de 25 ans avec qui il sert juste la main furtivement. Le dialogue n'a pas pu encore s'instaurer entre eux. Rodolphe prend ses fonctions dès 18h et jusqu'à 2 heures du matin.

Depuis quelques jours, ses pensées se tournent vers Dominique. L'obsession s'est enclenchée. Pour l'instant il essaye de la croiser le plus possible, en lui disant bonsoir avec un grand sourire, mais elle lui a répondu sans lui rendre de sourire.. c'est donc très mal parti..

Ce 10 Juillet 2017, C'est un jour calme, pas de clients, ni de coup de téléphone. Rodolphe va en profiter pour se diriger dans la salle de restaurant et attendre l'arrivée de Dominique qui prend son service à 19h, dans l'espoir qu'elle soît seule. En effet, depuis le début il la voit accompagner des autres serveuses, cette situation le bloque évidemment pour pouvoir lui parler.

En l'attendant, il contemple cette ambiance reposante qu'il apprécie : le coucher de soleil à travers la baie vitrée, puis la musique lounge du restaurant. Il est content de travailler dans cet endroit idyllique qui respire bon les vacances et de voir les clients heureux..

Mais d'un coup, une montée d'adréaline l'envahit. Il vient de voir passer furtivement Dominique rentrer, elle a dû aller se changer mettre sa tenue de travail.

Rodolphe va faire semblant de rien et regarder à travers la vitre. 5 minutes passent. Elle rentre enfin dans la salle seule habillée de son tailleur jupe et ses ballerines, elle commence à placer les couverts sur les tables sans aucun bonsoir.

C'est le moment où jamais pour Rodolphe de se lancer comme il peut, car elle ne va pas être seule très longtemps. En effet, elle peut être appelé à tout moment par la direction, ou s'occuper des clients qui ne vont bientôt plus tarder à arriver..

- Bonsoir, je suis Rodolphe c'est moi qui suis à l'accueil, je travaille à mi-temps le soir aussi, ça se passe bien pour vous ici ?

- Bonsoir, oui ça va merci.

Silence de mort et pesant. Rodolphe est surpris, il pensait qu'elle allait développer davantage le dialogue mais elle se ferma sans un sourire.

Mais comme il sait que l'occasion de la voir seule est plûtot rare il tente le tout pour le tout, en poursuivant d'une voix peu sûr de lui :

- Vous avez Facebook non ?

Réponse froide, cinglante et sans
détour :

- Je ne suis pas intéressée

Vexé, par tant de radicalité, il
poursuivit :

- Pas interéssé ? non mais c'était juste
pour discuter de notre travail comme
on bosse dans le même hôtel c'est
tout !

Il n'eut comme réponse qu'un signe
de son visage confirmant son refus, et
laissa Rodolphe dans le silence, seul
face à son désarroi.

Bloqué comme jamais, il la laissa et se
dirigea vers l'entrée pour reprendre
ses fonctions, dépité mais content tout

de même d'avoir pu tenter une approche.

Chapitre 4 : Une nuit macabre

18 Juillet 2017 : Cela fait maintenant 15 jours que Rodolphe travaille sans relâche. Il essaye tant bien que mal de prendre sur lui ce refus brutal, mais reste quand même obsédé par elle.

Il ne sait pas si Dominique sera encore là pour le mois d'Aôut mais qu'importe, il n'a pas de regrets, elle n'est pas aimable, ça ne sert à rien d'insister.

Il est bientôt minuit, le service s'est

terminé pour tout le monde depuis une heure, mais Rodolphe n'a pas envie de rentrer. Il resta sur un fauteuil confortable de l'entrée pour pianoter sur son téléphone portable en dialoguant sans succès avec des femmes du coin sur des applications de rencontres.

De toute façon, il fait ça en dilettante, il n'en a qu'une seule dans la tête qui le possède de toute son âme : Dominique. Rien à faire, pour lui c'est la mieux, impossible de passer à une autre. Il sait qu'il va devoir se faire une raison, mais tant qu'il n'en saura pas plus sur elle, il aura du mal à l'oublier totalement.

Avant de rentrer chez lui, il monte au premier étage se laver les mains et acceder aux toilettes de l'établissement, et là surprise : Dominique se trouve encore à cette heure-ci dans l'hôtel. Elle sort paniquer d'une des chambres.

Rodolphe en profite pour l'apostropher une nouvelle fois, mais la séduction ne sera pas encore au rendez-vous :

- Mais que vous arrive t-il, vous avez un soucis ?

-Oui, je voulais vérifier si j'avais bien nettoyé cette chambre et j'ai découvert un homme inerte sur le lit, je crois qu'il est mort !

- Mais il faut appeler la police immédiatement !

- Non surtout pas, on va croire que j'y suis pour quelque chose. En fait c'est un de mes amis, et je suis la dernière personne à l'avoir vu.

- Mais où est le problème si vous n'avez rien à vous reprocher ?

- Non je n'ai rien fait, je viens de le découvrir. Mais j'ai juste peur d'être accusée, aidez moi je vous en prie.

- Mais vous voulez que je fasse quoi ?

- Il y a des responsables de la direction en bas ?

- Non je suis tout seul pourquoi ?

- Je voudrais faire disparaître le corps, on pourrait le mettre à la mer, de toute façon il ne sera pas recherché, il n'a pas de famille. Comme c'est moi qui m'occupe de cette chambre, je ne veux pas qu'on fasse le moindre lien avec moi vous comprenez ?

Rodolphe ne se posera pas plus de questions, comme un robot sans recul nécessaire, il s'exécute. Il ferait n'importe quoi pour cette fille de toute façon. Mais il ne se rend même pas compte qu'il va se rendre complice de recel de cadavre.

Ils vont donc enrouler dans un drap le corps de cet homme d'une soixantaine d'années environ. Ils descendront les marches petit à petit pour ne pas réveiller les clients, puis une fois en bas ils le poseront devant la porte d'entrée, le temps pour Rodolphe de vérifier qu'il n'y a pas de témoins à l'extérieur.

Ensuite, ils vont malgré le poids du défunt, arriver à le déposer sur la plage qui se trouve à quelques mètres de l'hôtel. Puis vont s'allonger quelques minutes pour ne pas éveiller de soupçons par d'éventuels voyeurs des maisons environnantes.

Rodolphe est dans un état second. Son esprit est habité par Dominique. En l'aidant à faire cette chose macabre il espère se rapprocher d'elle. Après quelques minutes allongés ensemble sans faire de bruit, ils se lèvent, et poussent le corps dans la mer. Puis, ils se séparent chacun de leur côté sans un mot. La nuit sera courte pour Rodolphe qui pense que cette complicité d'un goût amer aura une suite...

De son côté, Dominique a pensé à prendre le drap avec elle, afin de faire disparaître cette pièce à conviction faisant partie de l'hôtel. Celle-ci aurait été fatale contre elle, si jamais il avait été laissé avec le corps.

Chapitre 5 : L'indifférence

Ce 19 Juillet, Rodolphe se sent mal à son réveil et à la bouche pâteuse. Il n'ose plus se rendre à l'hôtel. Il reste persuadé d'avoir été vu. Il a agit de manière impulsive par attirance pour une fille qu'il ne connaît même pas. Il s'en veut mais c'est trop tard. Il espère maintenant avoir un dialogue avec elle, c'est la moindre des choses après ce qu'il a fait pour elle.

En allumant la télé, il commence a avoir très peur. En effet, un appel à témoin est lancé et une enquête commence sur la mort de Lucien Brigoud, 63 ans, un client de l'hôtel Beau Rivage à Châtelaillon qui à été trouvé par un pêcheur..

Une fois à l'hôtel, Rodolphe attend

avec impatience l'arrivée de Dominique, mais celle-ci passera devant lui, indifferente.

Rodolphe s'énerve :

- Attends, mais tu m'ignores après ce que j'ai fait pour toi ?

- Je ne vois pas de quoi vous parlez, et vous serez gentil de me vouvoyer monsieur ! dit-elle devant le directeur de l'hôtel.

- Tu ne devrais pas m'éviter comme ça, je peux te dénoncer tu sais ! Je trouverai des preuves !

Elle ne répondit pas, mais cette menace ne tomba pas dans l'oreille d'une sourde..

Il comprit à cet instant avoir été utilisé. Elle s'est bien rendu compte des regards insistants de Rodolphe sur elle depuis le début du mois, et avait compris qu'il était en admiration. Elle en a donc profité pour demander ce service à lui seul, en sachant qu'il ne refusera pas.

Plus tard, tout le personnel de l'hôtel sera interrogé par l'inspecteur Fluviau, mais ça ne donnera rien, personne n'a rien vu.

La police scientifique attend les résultats de l'autopsie de Lucien Brigoud pour déterminer les causes de sa mort.

Après quelques jours seulement, la nouvelle tombe : celui-ci est décédé d'un arrêt cardiaque suite à une relation sexuelle. Pourtant aucunes traces adn de Dominique ne sera retrouvées.

Rodolphe comprend alors que celle-ci a couché avec cette homme. Comme il n'obtiendra évidemment aucune explication, il va faire lui-même sa petite enquête en cherchant des informations sur Dominique..

Chapitre 6 : Le profil Facebook

Rodolphe est persuadé que c'est bien Dominique qui a couché et donc tué par relation sexuelle. Elle a dû enlever toutes traces de son passage avec un gant si son adn n'a pu être retrouvé. L'enquête n'avance pas sur la mort du pauvre homme, les preuves manquent.

Avec son portable, il réfléchit comment il pourrait retrouver des informations sur Dominique. Sans

son nom cela paraît difficile.
La seul chose qu'il connaît d'elle c'est
son activité au Beau rivage.

Il va sur le Facebook de l'hôtel, et
surprise : Dominique Bérédal
habitant la Rochelle a aimé la page, il
clique sur celle-ci, et coup de chance,
il s'agit bien d'elle, il l'a reconnaît
tout de suite en photo.

Et là, il tombe de haut, de très haut
même, et va découvrir l'envers du
décor. En effet, derrière cette femme
qu'il pensait distinguée, sérieuse, se
cache en fait une jeune fille vulgaire,
sans personnalité qui se donne un
genre faussement rebel à faire des «
fucks » : le majeur pointé.
Un geste qu'elle fait régulièrement
sur les photos, elle qui doit être
sûrement influencée par ces clips de
rap qu'elle affiche dans sa rubrique

musique du réseau social.

D'ailleurs pourquoi fait-elle ce signe ? Elle se sent rebelle peut-être ?mais rebelle de quoi ? sur quel sujet ? Le sait elle, elle même ? Elle ne se rend pas compte du dénigrement de sa personne en agissant de la sorte. Elle n'a plus rien de féminin après ça. Lorsqu'il a évoqué le sujet avec ses amis sur internet, ceux-ci lui ont répondu que ce comportement correspond à sa génération. Mais si celle-ci a besoin de faire ce signe vulgaire et agressif pour se sentir exister, c'est désespérant de conneries..

Pourquoi se complaire dans la dépravation, pourquoi s'enlaidir à déchirer son pantalon ? pourtant il lui est difficile de dissocier son jolie minois avec ce comportement de bas étage.

Cette attitude immature ne correspond pas à l'image qu'il a pu se faire d'elle dans son esprit idéaliste. Il essaye de se rassurer, en se disant qu'elle agit de cette façon vis à vis des autres, pour faire bien, être dans le vent, car quel interêt pour elle de faire des « fucks » à tout va ? Il ne veut toujours pas ouvrir les yeux, mais il sait pourtant qu'au fond de lui, il n'a strictement rien à voir avec elle. Son visage ne peut plus suffire.

Il se pose enfin les bonnes questions : Quels échanges pourrions nous bien avoir ensemble ? Elle me présenterait sa bande de potes qui me proposeraient un joint, et je passerais pour un ringard à ses yeux si je refusais ? Non, on est pas du même monde se dit-il en continuant à regarder cette fille ne ressemblant pas à cette serveuse de l'hôtel qui l'a fait chavirer dès le premier jour de son travail. Mais rien à faire c'est bien elle et pas une autre. Il l'a trouve même horrible sur certaines photos laissées en mode public sur son Facebook. Elle ne cache rien et n'a même pas honte que la direction de l'hôtel puisse tomber dessus..

Quelle déception, car derrière le vernis de son maquillage, il remarque un visage peu emballant, au ton agressif, style racaille, elle est pathétique en se croyant dans un clip de rap..

La vérité est dure à encaisser, mais en même temps, il comprend maintenant pourquoi il sait fait remballer dans son approche pourtant banale qu'elle a balayé radicalement. Une fin de non recevoir pas très diplomate qui l'avait complètement bloqué, mais sans surprise maintenant vu le genre de la fille dont l'éducation n'est pas son point fort.

La voire en photo avec des fréquentations de quartier peu recommandables, donnent des nausées à Rodophe. On est loin de la fille au style luxieux qu'il imaginait. En effet, c'est juste les habits de son travail, comme un costume de théatre. Une fois enlevé, c'est jean déchiré, baskets, et joint à la main, puis language ordurier en verlan. Sans oublier ses fautes d'orthographe à tous les mots dans ses commentaires comme par exemple :

- « me kas pa les couilles mon reuuf ! »

En descendant tout en bas de sa page, il retrouvera une bride de conversation en commentaire d'une photo :

- « je te retrouve ce soir mon lulu, et n'oublie pas mon cadeau..»

Pas de preuve flagrante, mais pour Rodolphe c'est très clair. La conversation en commentaire entre elle et ce client qu'elle nomme lulu, c'est bien Lucien Brigout, le pauvre homme mort dans la chambre d'hôtel. Il en déduit qu'elle se sert de l'établissement pour donner rendez-vous à ses clients. Comme ça, elle a tout sur place. Il comprend maintenant pourquoi elle travaille dans cet hôtel et qu'elle était plus souriante avec les clients d'âge mûr qu'avec lui..

Il regrette de ne pas avoir trouvé son profil Facebook avant la nuit fatale où il lui a rendu ce service macabre, mais il était trop dans sa bulle

idéaliste pour avoir le recul nécessaire.

Chapitre 7 : Le piège pervers

Les jours passent, nous sommes le 30 Juillet 2017 et c'est bientôt la fin du mois et du travail saisonnier pour Rodolphe qui s'apprête à vivre les deux derniers jours.

Mais il n'aura pas le temps de profiter de ses derniers instants. La police est là, et le menotte, il va aller en garde à vue. Dominique a eu peur des menaces de Rodolphe et elle a placé dans le premier tiroir du comptoir de l'accueil un élément à charge contre lui : le portefeuille de

Lucien Brigout qu'elle avait gardé après l'avoir vidé.

L'inspecteur Fluviau, la cinquantaine est un breton peu commode qui fera tout pour faire avouer Rodolphe :

- Alors expliques nous pourquoi on a retrouvé le portefeuille de la victime dans le bureau où tu bosses ?

- C'est Dominique, une des serveuses qui l'a mis pour me faire accuser, elle avait peur que je parle contre elle, alors elle a pris les devants.

- Tu as une preuve de ça ?

- Oui car c'est elle qui m'a demandé de l'aider à déplacer le corps de Lucien Brigout la nuit du 18 Juillet dernier. Depuis qu'elle l'a retrouvé mort dans une des chambres, elle m'a confiée qu'elle avait peur d'être accusée car il s'agit d'un de ses amis.

En me demandant mon aide, je ne me suis pas méfié, mais je sais maintenant que c'est elle qui l'a tué en couchant avec lui. En effet elle est escort girl, et j'en ai eu la preuve sur son profil Facebook.

- À ce moment-là l'inspecteur vérifie ses dires en tapant Dominique Bérédal sur Facebook mais il ne trouve rien à reprocher dans son profil.

Très destabilisé à ce moment-là, Rodolphe perd ses nerfs :

- La garce ! Elle a du se douter que j'allai trouver son profil alors elle a supprimé le commentaire où elle parle de Lucien en lulu. Elle préçisait qu'elle le retrouvait le soir même en lui demandant un cadeau!!

Mais les dires de Rodolphe resteront fantaisistes, sans fondement et improvables..

L'inspecteur persuadé qu'il reste le seul responsable enfonce le clou :

- Tu sais on a interrogé tout le personnel de l'hôtel et tout le monde était au courant que tu n'étais pas insensible à son charme et qu'elle a refusé tes avances, donc tu te venges contre elle pour lui faire porter le chapeau, c'est bien connu !

- C'est elle qui vous a dit ça ?

- Peu importe, de toute façon tu a avoué toi même que tu as déplacé le corps, et tu essayes d'entraîner cette jeune fille avec toi par vengeance, c'est pas jolie mon garçon ! puis on a demandé au directeur du Beau rivage, et le soir du 18 juillet, Dominique ne travaillait pas.

Rodolphe comprend alors que même

le directeur doit être de mêche. Elle lui a sans doute proposé ses faveurs sexuelles contre son silence.

Rodolphe se sent perdu, le piège se referme sur lui. Il passera sa première nuit en cellule.

Chapitre 8 : Le témoin surprise

3 Août 2017 : Commissariat de Châtelaillon. Pierre Fréchal, un Rochellois de 36 ans, désire parler à l'inspecteur Fluviau. C'est le premier témoin qui se manifeste dans cette affaire.

Pour l'inspecteur, ce témoin tardif doit être convaincant car pour lui il n'y a pour l'heure qu'un seul coupable : Rodolphe Frissard.

- Bonjour inspecteur, je viens vous voir car un détail troublant me revient concernant la nuit du 18 Juillet.

- Je vous écoute.

- Voilà, je suis le voisin direct de Madame Dominique Bérédal, ça n'a peut-être rien à voir, mais cette nuit-là j'ai été attiré par une lumière extérieure, il devait être 4h du matin. Je l'ai vu entrain de brûler un drap. Cela m'a surpris.

À ce moment-là, l'inspecteur est embarrassé. En effet, lorsque le corps de la victime a été inspecté, il avait en effet retrouvé un bout de tissu blanc déchiré qui s'était coincé dans le bracelet de sa montre. Mais il n'avait pas fait attention à ce détail qui remonte maintenant à la surface par les dires du témoin.

- Dites moi, pouvez-vous me décrire dans quel état se trouvait elle à ce moment-là ?

- Je la décrirai comme stressée, et pressée de brûler ce drap.

- D'accord, je vous remercie, on va continuer notre enquête.

Heureusement, ce morceau de tissu a été conservé dans les scellés. Après expertise, il s'agit bien d'un morceau de drap venant de l'hôtel.

Pour l'inspecteur, il est temps maintenant d'interroger Dominique Bérédal.

Chapitre 9 : La garde à vue de Dominique Bérédal

4 Aôut 2017 : Dès 19h, L'inspecteur Fluviau et ses hommes débarquent à l'hôtel Beau-rivage où Dominique Bérédal se retrouva menottée dès le début de son service et emmenée immédiatement pour une garde à vue qui s'annonce muscler.

Au commissariat, la tension est palpable, l'inspecteur va droit au but :

- Un témoin t'a vue la nuit du 18
juillet dernier, brûler un drap venant
de l'hôtel, ça n'a rien à voir avec le
corps retrouvé de Lucien Brigout par
hasard ?

- Ben non je ne vois pas le rapport,
dit-elle impassible. D'ailleurs c'est
vous qui insinuez que le drap venait
de l'hôtel !

- Bien-sûr, donc c'est une coïncidence
si on a retrouvé un bout de ce drap
coincé dans la montre de la victime ?

- Je ne vois pas ce que ca prouve, j'ai
le droit de me débarasser d'un drap.
Allez prouvez que le drap que j'ai
brûlé appartient à l'hôtel inspecteur !

À ce moment-là pour la faire craquer,
l'inspecteur va faire un coup de
poker. Sans avoir vérifié, il va répéter

ce qu'avait dit Rodolphe durant sa garde à vue.

- Tu sais, avec nos outils informatiques, ont a pu retracer tes messages effacés sur ton Facebook où tu parlais de Lucien de façon familière, tu l'appelais lulu, tu as quoi à dire là-dessus ?

- Oui, c'était un ami je l'ai jamais caché, et je n'ai rien dit de compromettant dans ces messages.

- Alors pourquoi tu les as effacés ?

- Car je me doutais que Rodolphe allait chercher mon profil Facebook, il m'avait menacé de trouver des informations contre moi, mais ma vie privée me regarde.

L'éteau se resserre contre elle quand l'inspecteur abat sa dernière carte :

- Figure-toi que le directeur de l'hôtel est venu me voir il y-a quelques jours pour revenir sur sa déclaration, et m'a avoué en fait qu'il avait menti, tu travaillais bien le soir du 18 Juillet à l'hôtel. Il m'a rapporté que c'était toi qui lui avait demandé ce service contre tes faveurs sexuelles, étonnant non ?

Cette-fois elle craque :

- Oui d'accord j'ai fait ça pour ne pas être mêlée à cette histoire qui me dépassait. Je n'y suis pour rien moi, j'ai couché en effet avec Lucien Brigout, il s'agissait d'un de mes clients fidèles, nous étions même devenus amis. Mais durant le rapport sexuel, celui-ci, a été pris d'un malaise cardiaque, alors j'ai pris peur.
Dans la panique, je ne voulais pas que l'on fasse le lien avec moi car je craignais de perdre mon travail si la

direction apprenait que je me servais de l'hôtel pour mes services d'escort avec les clients. Alors j'ai voulu me débarasser du corps avec l'aide de Rodolphe Frissard qui m'a surprise à ce moment-là.

- Et pourquoi vouloir lui faire porter seul le chapeau en cachant le portefeuille de la victime dans ses affaires ?

- Je vous l'ai dis, je ne voulais pas perdre mon travail et donc me débarasser de lui restait la seule solution. il me courait après, et me gênait pour les contacts que je prenais avec mes futurs clients de l'hôtel.

Chapitre 10 : Epilogue

Suite à ses aveux, elle sera mise en examen pour dissimulation de cadavre, ainsi que Rodolphe pour complicité.

Celui-ci sera sorti de cellule pour une confrontation avec Dominique.

Même accompagnée des policiers, Dominique folle de rage s'emporte contre Rodolphe. Il découvre encore une nouvelle facette de cette fille qu'il avait pourtant admiré dès le premier regard :

une façon sacadée et racailleuse de

parler, et cette fois c'est devenu totalement rédhibitoire pour Rodolphe. Elle lui fait honte, et s'en veut même d'avoir été attiré par cette personne. Il se sent même ridicule. Toutes ses illusions se sont envolées, il se rend compte que sont coup de cœur était juste factice, certes son visage reste agréable mais insuffisant pour construire quoique ce soit et salit par tout ce qu'il sait d'elle à présent. Sa bonne bouille n'est malheureusement pas en adéquation avec sa mentalité.

Un gachis énorme dû à sa jeunesse qui découle d'un manque de personnalité et d'éducation.

Face à son contraire, il prendra du recul, se disant qu'un beau visage ne reflètte pas la fille idéale.

FIN